Válvula de ferro ou de carne

Válvula de ferro ou de carne
Laís Ferreira Oliveira

© Moinhos, 2022.
© Laís Ferreira Oliveira, 2022.

Edição: Camila Araujo & Nathan Matos
Revisão: Nathan Matos
Capa: Sergio Ricardo
Projeto Gráfico e Diagramação: Isabela Brandão

Nesta edição, respeitou-se o Novo Acordo Ortográfico da Língua Portuguesa.
Dados Internacionais de Catalogação na Publicação (CIP) de acordo com ISBD

F383v
Ferreira, Laís
Válvula de ferro ou de carne / Laís Ferreira. - Belo Horizonte : Moinhos, 2022.
68 p. ; 14cm x 21cm.
ISBN: 978-65-5681-123-9
1. Literatura brasileira. 2. Poesia. I. Título.
2022-1831
CDD 869.1
CDU 821.134.3(81)-1
Elaborado por Odilio Hilario Moreira Junior - CRB-8/9949

Índice para catálogo sistemático:
1. Literatura brasileira : Poesia 869.1
2. Literatura brasileira : Poesia 821.134.3(81)-1

Todos os direitos desta edição reservados à Editora Moinhos
www.editoramoinhos.com.br
contato@editoramoinhos.com.br
Facebook.com/EditoraMoinhos
Twitter.com/EditoraMoinhos
Instagram.com/EditoraMoinhos

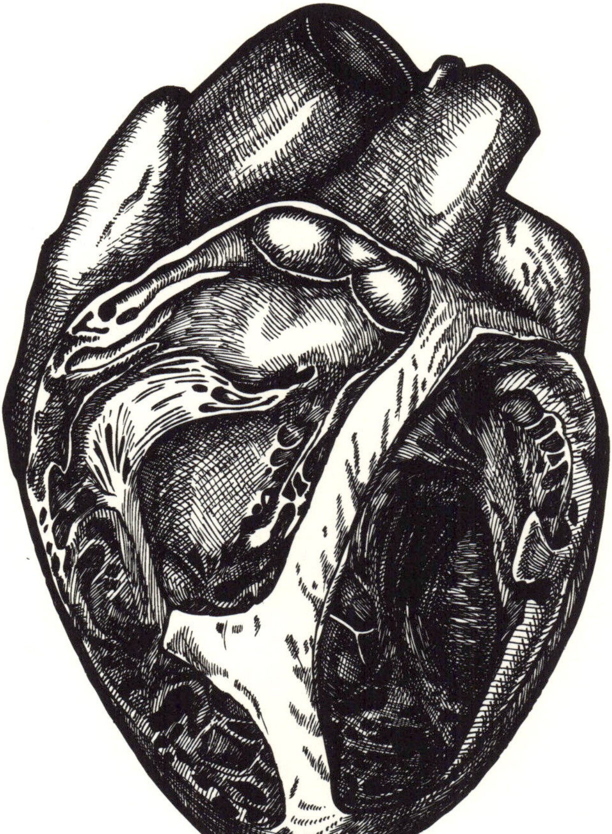

O INÍCIO É SEMPRE UMA EXPLOSÃO

Forma ainda mais clara
de nascer, quando um limite
rompe-se, quando o leito
claro de um rio se expande
além das margens, quando
o mar escava e derruba
as cores de uma falésia.
Assim, um útero resguarda
em si todas as engrenagens
de um vulcão, a força
de quem aguarda secularmente
o movimento das placas sob
o chão, quando se acumula
o calor à espera de nascer.
Pouco a pouco, afina-se, reduz
toda musculatura que tange
a resistência ao primeiro grito.
A vida escava, lentamente,
um início: assim se chama
luz o espaço entre duas
membranas, o que cega
no anúncio da maravilha.
Um rosto aguarda dentre
águas: entende submerso
o quanto o ar pode queimar.
E aprende a se expandir
depois de dias se contorcendo
na escuridão que germina.

Os incisivos que não tombaram

Ainda agora, tenho dois dentes
de leite: resta o modo comum
e antigo de uma infância,
a possibilidade tardia de ter
numa queda a projeção do sonho.
Ainda, estes dentes cujas raízes
não se fincam até o fundo
da minha carne, não se firmam
profundamente na minha gengiva.
Eles ainda esperam e aguardam
o tempo quando as raízes se
desfaçam ou a superfície os marque
com erosões ou com os ventos
repentinos que derrubam as casas,
desgrenham todos os fios de
cabelos já grisalhos. Eles seguem
feito as conchas cujas cascas
permaneceram firmes e não
envelheceram como o bicho
que as deixou e cresceu ferozmente.
Assim, contam-se silenciosas
as histórias de outros mares,
o tempo intacto de uma imagem.
Nunca se sabe quem permanece:
todos as folhas caídas no solo ou
os incisivos que não tombaram.

NAS PALAVRAS MORTAS DE AMOR

Nenhum homem pode esmagar
uma bactéria com os dedos.
Nenhum pôde matar a bactéria
com as mãos, apesar de ser
tão pequena, apesar dos dedos
serem maiores que as bactérias.
Um dedo pode levar muitas
bactérias na pele, pode guardar
tantas coisas invisíveis. Ainda
assim, não é possível destruir
uma bactéria com os olhos
abertos. Há coisas menores
que os homens, há coisas
maiores que os homens.
Nenhum homem pode esmagar
uma bactéria com os dedos,
mas todos os homens podem
destruir um amuleto, uma carta
rasgada antes de ser entregue,
uma palavra de amor. Todos
os homens podem destruir
uma palavra de amor, embora
ela também seja invisível, ainda
que não saibamos quantas letras
de amor cabem nas mãos de
alguém. Há uma semelhança entre
as bactérias e as palavras
de amor. Nunca se sabe direito
como se instalam, nunca se

sabe como crescem e invadem
um corpo, uma casa, uma vida
de forma invisível. Ainda assim
é mais fácil destruir uma palavra,
os dedos podem sim chegar
até as pontas dessas palavras,
até a raiz de qualquer frase
deixada nas duas mãos vazias.
Nenhum homem pode esmagar
uma bactéria com os dedos,
ninguém nunca viu o corpo
das palavras mortas de amor.

O BRILHO DOS MISTÉRIOS ABISSAIS

Todos os olhos são ébrios:
há água nos modos subterrâneos,
no verso dentre uma cartilagem
cricoide. Sabe-se um pouco
do modo de mensurar a assimetria
dos pulmões, o som identificado
quando o ar segue comum,
quando o murmúrio, os ruídos
e os batimentos se partilham.
Outras vezes, roncam: há frio
e toda a gente caminha
entre o cansaço e o espanto.
Percutimos ainda sobre os dedos:
sabemos da ressonância do toque,
e como um órgão vibra mais
ou menos a partir daquilo
acumulado por anos e anos.
É possível, também, reunir
as palmas das mãos, construir
uma concha, ter num intervalo
o som do mar próximo ao nosso rosto
ou o telhado de uma casa inventada.
Nunca se sabe onde se registram
as imagens de um escafandrista,
o que murmuram as membranas
e as escamas acostumadas
às tormentas e ao sal. E ainda
tentamos permanecer submersos
no tempo suficiente para mapear
o brilho dos mistérios abissais.

O MODO COMUM DE RESPIRAR

Escreveu Walter Benjamin:
Alguém na terra está à nossa espera.
À cada geração, o passado
dirige um apelo, a força
de um pedido de redenção.
O tempo deveria ser o gesto
da claridade, o olhar atento
próximo aos vestígios da dor.
Nos desertos, todos os ossos
têm do cálcio a natureza
brilhante e guia da estrela:
apontam quando há escuridão.
Com o queixo à mostra,
as línguas afiadas removem
as pegadas da areia. À beira
da praia um homem replanta
uma cruz
contrária ao esquecimento.
Ainda hoje, estremecem
os braços dados aos nossos mortos.
Aqui e agora, esperamos
do futuro
alguém que nos valha, o modo
de colher das cruzes o sumo
de uma humanidade outra:
escovar a contrapelo a pele
de pulmões colabados, reter
o modo comum de respirar.

Das erosões e das falésias

Durante o tempo, aprendi
com o *I ching* e as lâminas
de tarot
que no caminho entre
a sorte e o azar
serei eu quem andará.
Todas as nuvens
assumem as formas
(os medos)
guardadas em nossas íris.
Há, sempre, o aviso
dos terremotos e das erupções
na nossa pele, nas marcas
das dermatites sem nome
que escavam todos os pontos
(as regiões)
de sustentação e de fuga.
Também a epiderme
resguarda
a rota dos ventos, o ímpeto
das erosões e das falésias.
Revela-nas falanges
dos dedos
tudo que a memória esquece.

É EXPLOSIVA A NATUREZA

O corpo ainda
resplandece
e sussurra, mais uma vez,
baixo:
há mistério ainda, há
toda a natureza da paixão.
Acima dos rostos insones,
perdem-se os nomes
e se veem as esquinas onde
o corpo é só corpo.
São grandes eventos
os eclipses e os solstícios –
a possibilidade de enxergar
a dança da luz e da sombra.
Também o desejo emerge
e irrompe sobre a superfície
das manhãs sempre iguais.
Nos olhares que se encontram,
uma órbita se inaugura
sem previsão de retorno.
E seguem atônitos os amantes
à espera de uma estrela,
cuja gravidade possa
– uma vez mais –
atraí-los para qualquer eixo.
Expande-se o universo:
é explosiva a natureza entre
o que nasce, vive e morre.

Para se lançar à água

Para que esta vida prossiga,
é necessário que o sangue
corra
por vasos finos, dentro de
válvulas e de câmaras.
Para que esta vida prossiga,
até mesmo as células
diferenciam-se com o tempo.
Mudam de nome, de forma,
de local
feito quem assume todos
os riscos
de nascer dentro da rigidez
para se lançar à água.
Para que esta vida prossiga,
é necessário reconhecer
simultaneamente
a origem do que nos ameaça:
talvez siga ainda do lado
de fora,
talvez se combine indelevelmente
com nosso corpo, modifique
nossas vigas, todas as formas
mais velhas de construir.

De nossas ruínas desmascaradas

Vi ainda uma vez em um filme
de Jonas Mekas uma cartela
que ressoa, como ecoam os discos
que arranharam, todos os mantras
em nossa garganta desesperada:
Happiness equals beauty.
Assim deve ser a órbita do coração
dos que partem, dos que se exilam
em cidades estranhas e colecionam
imagens e lembranças na dimensão
do ar do pulmão em um escafandrista
que precisa controlar o quanto responde
às variações de pressão sobre si.
A beleza é ainda um talismã coberto
de areia e são nossos os dedos áridos
a poli-los, feito quem escava profundidades
à procura de um espelho. A beleza
segue ainda como âncora, no fundo
onde já não se sabe ao certo o limite
da casca desse navio e quando
se organizam as forças do empuxo
para que não seja o próprio peso
uma bigorna que o naufrague. Também
notei a forma cruel que a beleza ofusca
e o excesso de claridade dentre brumas
fatigadas de escadas e insígnias. A luz
inscreve sempre: reconhecemos o rastro

nos papéis de prata, nas imagens mágicas
cujos símbolos contam do limite tênue
de nossas ruínas desmascaradas
e o brilho quase ofuscado do espírito.

À SEMELHANÇA DO NASCIMENTO ILUSÓRIO DO SOL

Aprendi, pouco a pouco,
a dinâmica lenta
dos acúmulos,
a forma explosiva
dos rompimentos.
Também minhas artérias
guardavam um pouco
do inevitável, da forma
desesperada dos pães
à véspera das nevascas.
Havia, assim, a formação
de algumas placas, qualquer
escudo onde fosse possível
devolver toda luz cujo
brilho me amedrontava.
Algumas paredes estreitavam
em luzes menores, retinham
todos os rios já velhos
que derrubavam margens.
O corpo vivia assim
entre toda a forma de
descanso ou de trabalho:
raiava
à semelhança do nascimento
ilusório do sol.

Todo o calor do vulcão

Vasculhar imagens, cindir
no espaço –
tempo a luz dentre duas
válvulas, a margem onde
um rio extravasa, o sangue
engana em assobio. Canta
em sopro o ritmo vital,
quando uma porta ainda
não se encerra totalmente
e não há palavra de adeus.
Também o vento corre –
habita as redes de pesca,
os espaços dentre costelas
quando o cansaço e o desejo
murmuram e sibilam baixo.
Sob a terra, todas as placas
dançam imperceptíveis até
o reconhecimento do tremor,
o aviso no calor do vulcão:
no início, o céu explodiu.
É a imagem mental o segredo
próprio do coração. Trançamos
os fios de cabelo, a escuta
de quem nos é semelhante:
há capilares, vênulas e seiva
nos circuitos onde se chama
o nome próprio de uma vida.
Raia o dia, toda a estrela segue
apesar da noite, junto ao brilho
mais ofuscante da claridade.

Um alarme agudo

É preciso aprender ainda a linguagem
(treinar os olhos)
para compreender os abalos
sísmicos,
para não temer a fuga do
chão sob nossos pés.
É preciso entender o mecanismo
(a forma)
dos impulsos elétricos antes
dos gestos mecânicos
quando nasce todo o desejo.
É quando um coração bombeia
todo sangue para se estar vivo.
É preciso entender nas ondas
registradas por um exame
o sentido dos picos e das quedas
em que inscreve o alerta.
É preciso entender a origem
da dor profunda no peito,
dos riscos da boa comida,
do excesso de coragem
quando a noite é muito fria
e há peso nas nossas mãos.
Em algumas cidades, soa
um alarme agudo para
avisar dos terremotos. Nunca
nenhum apito cantou para dizer
há um coração cujo ritmo se perdeu.

Também os acidentes geográficos
guardam ecos, reverberam
toda melancólica canção
dos que vagam na madrugada.

Nos dedos de um bebê

Não era dos solitários o amor,
como uma vez eu havia lido
no livro dos poetas. Era antes
dos corajosos, daqueles

com dois olhos abertos
ao atravessar a rua e ver
alguém que seguia com
um cão, alguém acompanhado

do entendimento dos gestos
do que havia em comum
nos passos de um cão,
nos silêncios do homem.

Não era dos solitários o amor,
como uma vez os cansados
tinham apostado nas luzes
dos lampiões já sem o óleo

para queimar e dar coragem.
Era o gesto dos olhos abertos,
do desdobramento de uma raiz,
da sobrevivência do almeirão

se deixássemos ali um ovo de
galinha maior que o de lagartas.
Não era dos solitários o amor,
era dos corajosos, daqueles

decididos a não mais usar
qualquer palavra escura
e ofuscar a claridade das mãos
dadas. Era uma catedral

erguida com as pontas
dos dedos, agora a arfar
a terra, a alimentar os bichos
e escolher um nome para a casa.

Nem todos eram capazes de
dar nome a uma casa, abrir
a porta para as visitas,
escolher algum caminho

entre os dados jogados
ao chão. Um nascimento era
comprido, era o grão
que germinava na terra

enquanto as estrelas seguiam
em eclipse e em dias sem nuvens.
Não era dos solitários o amor.
Era aberto o convite à partilha,

à vida que pudesse
ser dividida em outros
corações, semear do lado
de dentro. Um cultivo partia

do lado de fora, do gesto
de se doar à terra, de viver
com o outro. Do lado de dentro,
era possível crescer, a flor

era o caminho dos frutos.
Raiava no céu o lume
de toda a espera. Janeiro
era o mês dos inícios, um ano

sempre começaria ali. A vida
era outra vez um convite: o novo
trazia contigo a confiança dos pães
miúdos nos dedos de um bebê.

Quando um corpo inflama

Para ser atingido,
basta respirar.
Para se defender,
é necessário água:
uma cascata,
uma multidão
de macrófagos e plasmócitos.
É sempre mais fácil
ir à porta de saída
que cerrar a entrada.
Há variações na superfície
de algumas bactérias: mudam
o antígeno antes reconhecido,
mudam
o alvo antes do combate.
Há ainda qualquer coisa
resistente à resposta primária,
à memória
das chagas passadas.
Quando um corpo inflama,
há riscos de danos aos tecidos:
também a convocação da defesa
queima
a pele, acentua a fronteira
entre o mundo de fora
e alguma homeostasia.

Uma asa telúrica e emersa do ar

Como se escavássemos a terra,
assim estudávamos o corpo.
Tínhamos a sofreguidão dos deuses
e, nos dedos, era sempre uma espécie
de lupa ou espátula a tentar ver
os mecanismos do homem, o dorso
primário da criação. Havia ainda
uma dança silenciosa no mecanismo
de algumas proteínas, um código
e linguagem precioso para astronautas.
Para olhar de perto, fazia falta
a face de uma esmeralda, uma canção
aberta ao povo da rua. O nascimento
era ainda o de uma flor coberta do
orvalho nos dois olhos em órbitas
e luas de forames miúdos. Esses vales
retinham um rio impossível aos grandes
barcos: era pequena esta cruz escrita
com giz em um terreno baldio, onde
o jogo da sorte e do azar alcançava
apenas a beira do equilíbrio.
A inserção de um músculo se voltava
à possibilidade de movimento:
com os pés nus, vibrávamos um mapa.
Era sempre casa e jardim em dias
cobertos de lonas e espadas. Do chão,
retinha-se sempre uma estrela:

qualquer queda era sempre motivo de
esperança e desejo. E ainda hoje
não se sabia ao certo se era uma lasca
de teto despedaçado ou apenas uma asa
telúrica e úmida emersa do ar.

Toda possibilidade da caverna

Dentro do coração,
há ainda as trabéculas
cárneas:
toda possibilidade da caverna.
É sempre do lado de dentro a chance
do mergulho ou do abismo.
É assim que a vida
persiste:
algo pulsa de modo perene e
ainda separa
o sangue
oxigenado ou não. São finas
as cordas tendíneas.
É sempre por um fio
o direcionamento
do que pode um corpo,
o sentido
pela agulha de uma bússola.
Nesta válvula semilunar,
eu sempre lembrarei do sol:
há qualquer brilho
do lado de fora
necessário à corrida,
contrário
ao velho retorno ao início.

EM PROCESSO DE EXPLOSÃO

Lembro quando um professor disse:
analisar os cromossomos de uma célula
tumoral
é como observar uma bomba atômica
em processo de explosão. Pensei
então como pode ser o corpo
a fúria de um corpo, a lógica
mesma das constelações, galáxias
em expansão, um corpo impossível
de caber em um corpo. O céu
por vezes era por dentro,
por vezes os pés pisavam
em poeira de estrelas, os astros
bem próximos ao chão, o chão
em dura delicadeza. Assim
viviam também os anjos: o cerne
dos ímãs de uma árvore, a palavra
ressoando no osso da palavra.
Também eu mapeava raios
com as pontas dos dedos: agora
o mar carregava cantos, um barco
de madeiras porosas, um cariótipo
de naufrágios silenciosos vivo
em cada canto de um mapa,
F.I.S.H suspenso no ar.

A CEGUEIRA QUE OS GOVERNA

Stephen Hawking uma vez disse:
ainda há coisas que podem escapar
de todos os buracos negros. O físico
escreveu na língua dos homens: a luz
é capaz ainda de atingi-los, o calor
também irradia no seu centro. Há coisas
que podem ainda escapar dos buracos
negros. O físico tentou ainda descobrir
o que pode ainda sobreviver, luzir
quando há apenas trevas e escuridão.
Buracos negros têm força: arrastam
toda a matéria para dentro de si.
Longe de um buraco negro, o peso
da gravidade não funciona bem.
Um corpo poderia rapidamente
subir aos céus, cair muito veloz
com seu corpo estatelado no chão.
Hawking nunca ganhou um prêmio
Nobel. A explicação para isso é
bastante prática: é difícil
observar um buraco negro.
Hawking disse que os buracos
negros poderiam desaparecer se
emitissem qualquer irradiação.
Alguns livros são escritos, os jornais
noticiam a morte dos homens
e dizem: Hawking morreu no dia
em que Einstein nasceu. E ele nasceu
trezentos anos depois da morte

de Galileu. O dia 14 de março
marca a data do Pi, uma constante
matemática e facilmente identificável.
Hawking disse a BBC: as pessoas
procuram pequenos buracos negros,
ainda não os encontraram. Se vissem
eu teria ganho um prêmio Nobel. É preciso
alguma distância dos prêmios
e dos títulos dos homens para ver
beleza nos buracos negros, decifrar
o que não trará nenhuma medalha.
Marielle Franco foi assassinada
no mesmo dia. Os homens matam
ainda com as suas mãos a beleza
dos heróis que vivem sua vida
tentando mostrar aos outros
a cegueira que os governa.

UMA BULHA É O COMPASSO DE UMA DANÇA

Assim todas as canções
formadas por farrapos:
a voz ainda trêmula
depois das mãos vazias,
dos assombros ainda vivos
em qualquer rua.
Ainda agora resplandece
esta casa feito um laboratório
dos mundos possíveis, da moldura
de uma placa de cuidado, dos versos
feito quem soluça. Qualquer dia
quando uma amiga nos diz
é como se os órgãos estivessem fora do lugar
e não há glossário ou atlas capaz
de diferenciar com precisão a aparência
de uma glândula parótida de um pâncreas,
uma lâmina
de pontas afiadas. O gosto da bile é
também o do retorno: o corpo
permanece
guardando o tempo nas roldanas
dos espaços ampliados, nas pedras
sem contas. Há um mistério sutil
na palavra silente, no eco sob
músculos e músculos. Uma bulha
é o compasso de uma dança.
Os pés ainda seguem no chão
cujas luzes nunca se revelam:
ora é a natureza do reflexo, ora
o âmago aquoso do cristal.

Para a mulher que se negou à fome

Quando de longe chegavam
as notícias dos jornais, quando
parecia do papel barato subir
algum cheiro de éter, algum
sangue coagulado por dentre
as letras, as colunas estreitas
que não estremeciam muito
colocavam-se ali, as ferramentas
para a lógica do mundo. Quando
ainda existia muita violência,
havia os preços subindo, tudo
caminhava um pouco para a morte
nas mulheres que eu nunca vi,
mas tinha percebido rapidamente
que eram muitas mulheres
desesperadas para matar a fome,
sim, a fome, quando a comida
já era tão pouca, a fome ainda
era a urgência última. Quando do resto
só havia álcool: o líquido que podia
entrar em combustão, mas também
aliviar as testas ardentes e febris
sob meias embebidas na noite. O risco
não era muito, era melhor tentar
dessa forma cozinhar que morrer
de fome. Quando de longe vinham
as notícias dos jornais parecia
ser assim um mundo outro, o horror
nas asas de um urubu. Perdíamos

assim qualquer palavra, o estômago
revirava-se muito, a loucura, o mal
contra o qual apenas nos contorcíamos,
esperando que, quem sabe, um adágio
pudesse surgir de nossas letras, canção
para a mulher que se negou à fome.

Vez ou outra, arriscávamos um nome

Como se ouvíssemos o som de conchas,
recordávamos agora o gosto do mar.
Era o caso de aproximar a mão do ouvido
de forma côncava. Com os dedos,
tentávamos qualquer azul frêmito,
feito quem sonha, em vão, colorir
as páginas de um jornal com um giz,
sem perceber, é certo, a probabilidade
das páginas e da poeira tingirem as palmas
de cinza e sujeira com a insistência
dos dias de engarrafamento sem seta.
Sabíamos da rua apenas o movimento
sorrateiro dos gatos. Vez ou outra,
arriscávamos um nome, o cartório
das multidões possíveis. A festa do milho
foi anunciada em motos, nenhuma estrela
caiu com pontas e disse da possibilidade de
algo poder brotar e, ainda assim,
só existir quando em pedaços. A lógica
perseguia-nos, como persegue o tempo
a riscar de branco nossas tranças, o sulco
próximo às têmporas onde não havia
nenhum rio, mas a sede aumentava.
Pensávamos em cometas no critério
de matéria e já não doía mais a morte de
uma flor como a morte de uma flor.
Era intenso o risco dos nomes e
brutal a crença numa chaperona.
Nossas armaduras não eram mais de

plástico ou de qualquer papel reluzente.
Dependíamos de ubiquitina e era quase
como se falássemos do amor em itálico.
Entretanto, quando havia pressa, e nada
prosseguia reto pela vazão dos canos,
era ainda o movimento brusco
dos dedos e das mãos tremendo,
mergulhando fundo em águas inóspitas e
levantando saídas imprevistas
que modificavam a pressão do mundo.
As rotas de fuga eram uma única estrada.
Nela, passava sempre um sentinela visto
apenas pelos olhos de quem, ao olhar a luz
não se irrita, apenas crê, sôfrego, no brilho
de uma chama de frágil equilíbrio
a aquecer, na mata, uma noite fria.

Entre complexo proteicos

Ainda era o caso mesmo
de um passo de dança:
lembro de ter visto a miúda
forma de manter coeso
os braços
de um cromossomo ou rapidamente
os dois corpos numa rua.
O caso era que as formas
todas do amor pendiam
por nossos ombros, as coisas
deixadas do lado de fora,
o risco
de uma palavra qualquer.
Lia-se também o nome de uma proteína
shugoshina, e eu imaginava:
talvez fosse um pote de
um molho, uma cidade distante
onde houvesse montanhas
em língua estranha. Pensava
no que pode o homem tendo
uma lupa em suas mãos: chance
de nomear as coisas, verbo
para erguer alguma parede.
Agora
sabíamos como funcionava o
início da vida, a coesão
entre os complexos proteicos.
Ainda assim, desconhecíamos
como podem duas mãos

permanecerem juntas quando já
não se sabe canção, o tempo de
chuva nenhuma, o gesto
de atravessar a calçada e dividir
nada nos bolsos, mistério
de conceito nenhum.

Válvula de ferro ou de carne

Em um exame na academia,
fui informada: sua capacidade
cardíaca está aumentada. Isso
significa que o coração pode
expandir-se, pode bombear
mais sangue, conduzir ar
para os outros órgãos. Isso
significa que as corridas
têm funcionado. É somente
quando a gente corre assim
que o coração se expande.
É necessário correr rápido
para o coração aumentar
a frequência de irrigação,
a quantidade de sangue
possível de circular. Correr
é o modo mais fácil para
aumentar a quantidade de
sangue, para aliviar o peito
com camadas de ar, o peito
como uma máquina, roldana
de ares, de fumaça, o gesto
de uma válvula de ferro
ou de carne. Um coração
preparado para os desafios,
para os lugares da pressa,
da necessidade de chegar
a nenhum lugar onde possa
ser possível ver por dentro

o tamanho dos corações
aumentados: tem cantos
mais espessos, amplitudes
dos vazios das circunferências.

As cutículas

Talvez eu remetesse um poema
como um classificado no jornal,
um poema entre casas salas
para serem alugadas, um poema
como uma promoção imperdível
de alisamento dos cabelos. As unhas
por fazer pareciam ser o mecanismo
dos poemas pendentes. As cutículas
das palavras estavam ainda lá,
na base do que tentávamos dizer,
mas eram muito miúdas, quase
invisíveis, embora atrapalhassem
um esmalte, uma forma, tentativa
de organizar uniformizar a aparência
do poema. Era um risco tirar a pele
tão fininha das cutículas, o sangue
às vezes vinha, molhava a lâmina
de um alicate, as pontas do corte
necessário para garantir a beleza,
alguma uniformidade em um aperto
de mãos ou de versos. Talvez um
poema anunciado fosse útil
a quem quisesse uma casa, ou
uma cama para se deitar sem nome
próprio, uma volúpia pragmática
do corpo. Ninguém guardaria
uma página dos classificados
de um jornal, nem mesmo se
ali houvesse um poema. Um recorte
pequeno era feito ali, o número

de telefone do aluguel, um carro
com poucos quilômetros percorridos
estava muito barato. Um poema
deixado ali talvez tivesse liberdade
para falar de amor, para promessas
impossíveis. Um poema prático
não precisaria atender nada além
da procura pelos poemas, da vaga
inutilidade de seus serviços, as velas
queimadas com papel e fósforos
de marcas antigas. Um poema
sem nenhuma permanência, ali
enquanto alguém o quisesse.

Ao lado desta catedral

Tenho pouca habilidade
para guardar as luvas.
Usualmente, perco uma
das duas. O par não mais

existe. Já não se pode
andar com as duas mãos
protegidas. As duas mãos
parecidas. Tenho pouco

jeito para preservar
as luvas no inverno.
Seria preciso guardá-las
juntas amarrar as pontas

os dedos as palmas unidas.
Tenho guardado
apenas uma das luvas
a que ainda não perdi.

Guardo-a nos bolsos,
que também são dois,
mas costurados, porque
estão ao lado do corpo,

porque nada oferecem.
Tenho trocado essa luva
entre as mãos. Hoje
ainda está na esquerda,

ainda consigo escrever
com uma mão cuja pele
já se ameaça com frio,
já com os riscos trincados.

Com a luva, porém,
a mão esquerda perde
a sensibilidade para a tela,
o tato para as tesouras.

Tenho visto que duas
luvas juntas são
mais fortes. As duas
mãos podem ser uma

catedral, erguerem-se
como me ensinou Rodin.
Tenho pensado nos pares
feitos pelas luvas perdidas

nos mais cheios jardins,
nos cantos esquecidos
do asfalto. Talvez, alguém
encontre-as, talvez duas

luvas sem pares ainda
sejam úteis, ainda sirvam
para proteger à noite, para
caminhar durante esta chuva.

No coração dos loucos

A inutilidade da palavra,
as heras de um muro

o voo rasteiro
de um inseto cego.

Ninguém flutuava
com a água nos joelhos:

era um sonho
pequeno deitar-se

sem nenhum apoio,
contar com forças

invisíveis. A beleza vivia
no coração dos loucos.

O CORAÇÃO FRÁGIL

O coração
como o órgão
sem muita incidência
de câncer. É raro
que as suas células
se multipliquem.
O coração
como uma vez só,
talvez possa arrebentar
por bater demais,
por um desvio
(sopro)
entre suas válvulas.
Ali, no meio, vácuo
uma vez só.
O coração
apesar das campanhas,
das liquidações,
dos heróis e astros
na TV cantarem ainda
a vencerem pelo esforço,
pelo mérito de suportar.
O coração
frágil. As células
apenas morrem,
é uma vez só,
apesar de repetir
tantas e tantas vezes
o jeito

de conduzir o sangue,
o ar até as pontas.
vez ou outra,
incide o raio e
apesar de cantarem
sempre
as mesmas coisas
na TV.
O coração
como uma vez só.

TODA A POESIA É HOSTIL AO FASCISMO

Toda a poesia é hostil ao fascismo.
Pode falar de botas de trombetas
pensar no que pode um palco
ou a natureza de um palco
pode dizer ainda da forma
dos laços as vigas os postes
em uma rua onde alguém anda
com o rosto virado para o chão.
Onde alguém lembra,
em uma só frase, a constituição
da vida, um corpo e um espírito
mais fortes que a opressão,
escreve ainda *I can't breathe*
nos muros de punhos cerrados.
Toda a poesia é hostil ao fascismo.
Ainda agora sabe da estrela o tempo
desdobrável de uma morte, da visão
mais clara dos planetas nos desertos.
Com as cartas sobre a mesa, hoje
hesita um pouco entre virá-las
ao avesso ou abrir os envelopes
diante de uma página de jornal,
um raio partido na aurora insone
entre a forma da verdade e o sopro
a modelar ou distorcer um modo
possível de narrar o que acontece.
Toda a poesia é hostil ao fascismo.
Ainda hoje, quebra este verso,
navega nos mares secos, rascunha

um mapa sem escala. Brilha no cais
das palavras partidas, a linguagem
alerta em uma divisa de maravilhas,
mesmo que, do lado de fora, esbravejem
nhenhenhem na boca seca ao dizer
da vida do outro. Ainda hoje canta
qualquer beleza sã, uma página branca
possível para iniciar qualquer mundo outro.

São raros aqueles que atacam o corpo que os recebeu

Como se retirasse a lama
acumulada dos sapatos
e houvesse, nos montes de barro,
nas areias dos parques revirados
as formas do relevo, as farpas
agudas de qualquer linguagem,
as pontas do dedo a tocar
(em falanges)
as linguagens secretas,
o verbo
apenas conhecido no toque.

Como se houvesse festa
e as garrafas vazias,
no fundo
fossem o espelho torto
(nossa imagem invertida)
em olhar trôpego, a camada
de vidro a cuidar da miopia
de nosso corpo no beco da noite
a tentar adivinhar imagens
à luz baixa e a pensar nos traços
tortos das paisagens idílicas
desenhadas com graxa e piche.

Como se as pedras jogadas
ao alto
fossem um lance de sorte
os dados
em um arco reflexo. Era o raio
de um jogo de infância, as palmas
a tentarem juntar as trouxas
(as britas)
em conjunto de cinco pedras
justapostas à pele.

Como se as linhas do nosso rosto
afundassem um pouco mais
ao modo das grandes chuvas,
das escavações
da água e do vento na época
das volumosas tempestades.
Lembro quando me disseram:
em caso de rejeição, a maioria
dos rins transplantados apenas
ressecam.

São raros aqueles que atacam
o corpo que os recebeu. À luz
menos nítida que o sol, a sombra
dançava de botas e enganava
silenciosamente
a multidão de nossos pelos.

Do lado de fora, as ruas
eram de trabalho e de sal,
uma calçada de cimento fresco
onde se pisava distraidamente
nos caminhos indeléveis.

Raiava o sol e os naufrágios
seguiam por dentro: as rodas
repetiam o calor e o frio
as quedas
dos membros no chão. A linha
era do fogo depois da chama
ardia
nos solos pouco fecundáveis.

Na ventura do amor

Por vezes, eu pensava: ainda
havia qualquer coisa dos jogos
da infância, o gesto de loucura ou de fé
de ligar dois copos vazios,
(os corpos)
com um fio fino e miúdo.
Por vezes, era ainda o plástico
a ecoar a voz, guardar o resto
da festa, à espera de um eco
a caminhar na tênue linha de
contato ou equilíbrio, algo
próprio dos malabaristas, do risco
do céu traçado de giz no asfalto.
Lembro ainda das mãos em conchas
para guardar o som, dizer
um recado no pé do ouvido.
Toda palavra já era crueldade,
a distância
entre o que se diz e o que se escuta.
Com os dedos unidos, o tempo
trocava nossos anéis, as palmas
sem nunca saber se hoje haveria
qualquer joia no abismo, a beleza
de poder adivinhar no acaso
a sorte entre nós todos, o anelo
de um truque de azar, um sopro
ligeiro na ventura do amor.

Para além de um funcionamento biológico

Para além de um funcionamento biológico,
a vida resplandece ainda e parece agora
um pouco
como a folha esquecida no calendário
presa no ímã de geladeira, que perdura
por mais que o mês tenha se encerrado,
por mais que os dias passem assim
semelhantes
ao tempo que já foi, ao tempo quando
se esquece de tirar o sinal mais visível
dos cabelos das folhas dos boletos
a apontarem para o que se joga fora
ou cai no meio da rua. Para além de
um funcionamento biológico, ainda há
pouco alguém disse baixo não do medo
do escuro, mas do medo da luz,
precisamente
o medo de não poder viver a intensidade
dos dias de sol, dos dias que queimam
a pele
no calor do lume profundo das partículas
das moléculas em dança de frequência
nunca escrita. Para além de
um funcionamento biológico, agora
alguém perde um dos pares de sapato
e, com os pés descalços as solas sujas
de lama a corrente arrebentada de um
chinelo havaiana anda na rua pulando
em uma só perna e pensa: qualquer dia

a gente se lança ainda em qualquer voo
veloz,
em qualquer estrela a saber da morte
o brilho que não se extingue na aurora.

Assim naufragam os nossos mortos

assim naufragam, pouco ao pouco,
os nossos mortos. assim, morrem
sem ar, como os que ficaram à beira
e à deriva de grilhões e de máquinas
surdas aos murmúrios de quem se
sufoca. assim, perdem, depois ainda
da morte o rosto que tiveram, suas roupas
seus sapatos, seus anéis e o calendário
em que se marcava o sonho da boa vida
e acumulam-se estatísticas, ascende
a curva dos gráficos ao nosso redor
na noite que cai com outras estrelas.
assim naufragam, pouco ao pouco,
os nossos mortos e acentua-se
a profundidade dos mares onde
preponderaram as ilhas onde alguns
perderam-se em desertos, outros
lotearam qualquer pedaço do oceano.
assim o ar é menos partilhável, deixa
de ser o que nos lembra do comum
entre nós e estas plantas. restam
as flores arrancadas que caem de
nossas mãos quando se falta
a palavra mais próxima de adeus.
assim também a água navega e
lembra até onde pode a chuva, até
onde a sede se atenta às terras profundas.

Com nome de calor ou de frio

Passados os séculos,
são ainda as mesmas questões
causadoras de insônia, de dores
na caixa torácica.
É sempre um risco quando
o ar
está entre duas pleuras.
Ainda hoje, arde entender
o tempo
da palavra de amor, o modo
para saciar a fome nas esquinas.
Na fé que resta, contamos
os dias:
pontilhamos a linha imaginária
sob os pés bambos
um trópico
com nome de calor ou de frio.

A PELE ÁSPERA, AS DIGITAIS

Embora esteja escuro,
ainda haja alguma força
nas minhas mãos, nos dedos
para arar a terra, as falanges
entre a luz e a sombra.
Embora esteja escuro,
ainda se flexionem
os músculos que não vejo,
trabalhem os metacarpos e
reconheçam a distância
entre o amanhã e o antes
das unhas cortadas.
Embora esteja escuro,
ainda haja qualquer relevo
nas linhas desta palma,
na superfície onde é
possível o curso de um rio,
plausível o pulso da sede.
Embora esteja escuro,
ainda haja esta confiança
nos gestos mínimos,
na fé de qualquer letra
e palavra escrita à tinta
numa página em branco.
Há algumas centenas
de mãos entregues, o fogo
crepita sem brasa ou chama:
também o amor demanda
a pele áspera, as digitais
em presença definida.

À SEGURA DISTÂNCIA

Aqui e agora perceber
no chão
o espaço que me cabe.
Um X demarca
o lugar onde posso
ainda permanecer,
divide
esta calçada, o passeio
em metros, estabelece
a segura distância
entre mim e o outro.
Talvez, os delicados
assim pensem: ali
é possível cavar
mais fundo, ir à busca
de um tesouro. Hoje,
as imagens os mapas
padecem de escalas,
mensuram
a falta da medida de
um cheiro.
Com os olhos fechados,
resta o miúdo: ainda
são meus dedos
o tato
a linha tênue, o limite
da superfície da pedra
à possibilidade da concha.

As marcas de presença

Tenho quase 29 anos, tenho
os bolsos esvaziados, guardo
algumas memórias de ruas
despovoadas, uma canção sutil
por todos que perdem e sofrem.
Tenho alguns poucos dias de
agosto antes dessa idade. Rezo
à lenda deste mês viva, toda pele
como me ensinaram as chagas de Obaluaiê
e como são tão longos os processos
mais vivos por nascer. Lembro ainda
do que ensinou esse Orixá ao meu corpo:
é preciso manter serenos os olhos
e os pés firmes no chão. É somente
a alma presente a forma possível
de ver o que nos atinge, o tempo
estancado pela própria transformação.
Tenho fios de cabelo que embranquecem –
eu lembro dos processos incensáveis,
as células em cada circuito de nascer
e morrer, o corpo absorto em saber
o limite entre o que se divide e
aquilo necessário à multiplicação. Tenho
maior interesse pelas vulnerabilidades:
assim sei dos mergulhos do organismo
que vive que sofre que ama que se fere
e sempre dos nomes que me fogem
à semelhança da primária estrela.

A beleza segue sendo um amuleto
cujos sentidos mudam sempre: digo
hoje da ventura da caridade, da escuta
amorosa a quem possivelmente não reverei.
No presente momento, toda segurança
são os olhos que cintilam: neles vejo
um espelho seguro à navegação, restauram
toda a superfície cindida pelos astros,
por Saturno que depois de tanto dias
retornou para lembrar da atenção viva
aos inícios que não se acabaram.
Das imagens que não tenho memória,
reconheço os passos de quem vive
em multidões de sonhos e de suor:
ainda hoje, esse ser se contorce
na mesma posição antes do parto.
São ainda as mesmas mãos que cresceram
e sabem deixar as marcas de presença
ou as formas mais lúcidas de construir
os desesperados acenos de adeus.

ATENTA AOS SINAIS

Eduardo Coelho[*]

> *Atenção*
> *Tudo é perigoso*
> *Tudo é divino maravilhoso*
> *"Divino maravilhoso", de Caetano Veloso*

O nascimento da vida e a morte podem se manifestar por meio de uma "explosão", assim como, em algumas situações, a poesia se revela. Essas explosões consistem, muitas vezes, na impossibilidade de conter alguma força, o que é um dos aspectos fundamentais do quarto livro de Laís Ferreira, *Válvula de ferro ou de carne*. Diversas passagens deste volume afirmam que a natureza é, em seu funcionamento, algo explosivo, como evidencia o poema "É explosiva a natureza", onde seus versos finais apresentam uma constatação ou uma lei: "Expande-se o universo:/ é explosiva a natureza entre/ o que nasce, vive e morre". As explosões se formulam, portanto, como um anúncio ou um sintoma de transformações.

O título do seu poema de abertura, "O início é sempre uma explosão", já nos lança de imediato a fenômenos que rompem limites: "um rio expande-se/ além das margens" e "o mar escava e derruba/ as cores de uma falésia". Estas imagens servem a comparações logo adiante, a partir do oitavo verso desse poema, quando um útero entra em cena resguardando "em si todas as engrenagens/ de um vulcão, a força/ de quem aguarda

---

[*] Eduardo Coelho é professor do Departamento de Letras Vernáculas e do Programa de Pós-Graduação em Letras (Ciência da Literatura) da Faculdade de Letras da Universidade Federal do Rio de Janeiro – UFRJ.

secularmente/ o movimento das placas sob/ o chão, quando se acumula/ o calor à espera de nascer". Dessa maneira a "vida escava, lentamente,/ um início", movimento primordial que também foi definido como o "anúncio da maravilha", aguardado por um rosto "a se expandir/ depois de dias se contorcendo/ na escuridão que germina".

Em *Válvula de ferro ou de carne*, há uma contínua estratégia de escavar as coisas, que compreende uma das ações mais características deste livro. O corpo e a terra, escavados, trazem à superfície do poema o miraculoso funcionamento da vida diante de riscos eminentes. No poema "Com nome de calor ou de frio", há os seguintes versos: "É sempre um risco quando/ o ar/ está entre duas pleuras". Contudo, é do lado de fora que existe a possibilidade de "qualquer brilho", conforme versos de "Toda possibilidade da caverna".

O segundo poema, intitulado "Os incisivos que não tombaram", anuncia mais claramente outro movimento que participa igualmente da vida. Nesse caso, trata-se de ações que levam, ao desgaste, até mesmo a matéria do corpo humano mais sólida, quase mineral, os dentes: "Eles ainda esperam e aguardam/ o tempo quando as raízes se/ desfaçam ou a superfície os marque/ com erosões ou com os ventos/ repentinos que derrubam as casas,/ desgrenham todos os fios de/ cabelos já grisalhos". Se no poema "O início é sempre uma explosão" há o rosto que aguardava expandir-se, neste os dentes incisivos, ainda de leite, esperam o fim, desconhecendo quem permanece: "todas as folhas caídas no solo" ou eles próprios, "os incisivos que não tombaram".

Através desses dois poemas iniciais, é possível constatar que, em *Válvula de ferro ou de carne*, o olhar da poeta se desloca frenquentemente por imagens extraídas da anatomia interna e externa do corpo humano, e o mesmo pode ser constatado em relação aos fenômenos geológicos. Há perspectivas que transitam entre o dentro e o fora do corpo e da terra, entre suas entranhas e seu exterior, apresentando uma dinâmica latejante da vida e da morte em construção dialética. Nessa dinâmica, tanto o saber quanto o não saber referente à existência das coisas atuam, alimentando-se um do outro.

Esse não saber se torna mais perceptível em versos de "O brilho dos mistérios abissais", e assim, de pouco a pouco, poesia e ciência são afetadas pelo desconhecido, que há séculos as tem motivado. Afinal de contas, lemos no fechamento desse poema: "Nunca se sabe onde se registram/ as imagens de um escafandrista,/ o que murmuram as membranas/ e as escamas acostumadas/ às tormentas e ao sal. E ainda/ tentamos permanecer submersos/ no tempo suficiente para mapear/ o brilho dos mistérios abissais".

A expressão "nunca se sabe", encontrada no fim desse poema, também pode ser localizada nos dois textos anteriores, "Os incisivos que não tombaram" e "Nas palavras mortas de amor". Desse modo, parece que o desconhecido é a base a partir da qual este livro se desenvolveu, misturando poesia e ciência como meios de investigação dos mais diversos "mistérios abissais", mapeados e traduzidos por meio da combinação recorrente entre substantivos abstratos e substantivos concretos, entre elementos ordinários e fatos extraordinários, entre encantamento e lógica, como podemos observar em alguns versos do poema "À semelhança do nascimento ilusório do sol": "Também minhas artérias/ guardavam um pouco/ do inevitável, da forma/ desesperada dos pães/ à véspera das nevascas".

Muitas vezes, trata-se de uma combinação de palavras que provoca um curto-circuito na linguagem, desencadeando explosões, agora de sentidos. Ao combinar, numa mesma frase, substantivos tão diferentes entre si, como "artérias", "inevitável", "pães" e "nevascas", o desconhecido parece se revelar não como um fato dado, conhecido, mas enquanto mistério indissolúvel, em contínua transformação e reposicionamento diante das tentativas de compreensão do que não se domina por inteiro. O desconhecimento sobre as coisas exige, sobretudo, a produção de sentidos como um exercício de aproximação em busca do conhecimento ou da maravilha do espetáculo do mundo, mas o único saber que soa como garantia corresponde à consciência de que tudo, absolutamente tudo, está por um fio. As imagens em torno da válvula, que já está presente no título do livro, bem como as imagens acerca das membranas, formam metáforas tanto das engrenagens que movimentam a vida e a morte, quanto da fragilidade a que estamos submetidos, como se a existência das coisas fosse um milagre.

Talvez, por causa disso, a poética de Laís Ferreira está atenta aos sinais e aos sintomas. Eles se desvelam através do corpo em transformação ou da própria natureza em sua permanente mudança convulsiva. Não à toa, além do pacto entre poesia e anatomia, há também um pacto que se firma em direção aos fenômenos geológicos, como os terremotos de "Um alarme agudo": "É preciso aprender ainda a linguagem/ (treinar os olhos)/ para compreender os abalos/ sísmicos,/ para não temer a fuga/ do chão sob nossos pés". Outros versos desse texto recomendam: "É preciso entender nas ondas/ registradas por um exame/ o sentido dos picos e das quedas/ em que se inscreve o alerta".

O estado de atenção exigido pelos abalos sísmicos é o mesmo exigido pelos sintomas que o corpo acusa. O poema "Quando um corpo inflama" descreve os riscos da ação das bactérias, que "mudam/ o antígeno antes reconhecido,/ mudam/ o alvo antes do combate". Em seguida, alerta que na inflamação "há/ riscos de danos aos tecidos:/ também a convocação da defesa/ queima/ a pele, acentua a fronteira/ entre o mundo de fora/ e alguma homeostasia". Desse modo, numa simbiose entre linguagens, a poesia vai recorrendo a palavras do campo das ciências da saúde e das ciências da natureza, transformando-as e sendo transformada por elas.

A ênfase dedicada ao lado de dentro não equivale a uma indiferença em relação ao lado de fora. Ao contrário, os poemas deste livro se abrem gradativamente ao espaço exterior, macroscópico, de onde Laís Ferreira extraiu não apenas outros índices do funcionamento dialético da vida e da morte, mas também comparações entre as diversas escalas da natureza. Em suas páginas, encontramos bactérias (em "Nas palavras mortas do amor" e "Quando um corpo inflama"), constelações, galáxias e estrelas. Estas últimas podem ser constatadas em versos de "Em processo de explosão" e "Assim naufragam os nossos mortos", respectivamente: "Pensei/ então como pode ser o corpo/ a fúria de um corpo, a lógica/ mesma das constelações, galáxias/ em expansão, um corpo impossível/ de caber em um corpo."; "assim, perdem, depois ainda/ da morte o rosto que tiveram, suas roupas/ seus sapatos, seus anéis e o calendário/ em que se marcava o sonho da boa vida/ e acumulam-se estatísticas, ascende/ a curva dos gráficos ao nosso redor/ na noite que cai com outras estrelas".

Em meio a diversas explosões, que se encontram em todas as escalas do que existe e deixará de existir, a poesia vai se manifestando como um ato de fé. É por meio do olhar poético sobre as coisas que Laís Ferreira construiu um belíssimo livro, atentando aos gestos mínimos e grandiosos, à luz e às sombras, à superfície e à interioridade do que sua escrita registrou, "na fé de qualquer letra/ e palavra escrita à tinta/ numa página em branco", como apontam esses versos de "A pele áspera, as digitais".

7	O início é sempre uma explosão	33	Para a mulher que se negou à fome
8	Os incisivos que não tombaram	35	Vez ou outra, arriscávamos um nome
9	Nas palavras mortas de amor	37	Entre complexo proteicos
11	O brilho dos mistérios abissais	39	Válvula de ferro ou de carne
12	O modo comum de respirar	41	As cutículas
13	Das erosões e das falésias	43	Ao lado desta catedral
14	É explosiva a natureza	45	No coração dos loucos
15	Para se lançar à água	46	O coração frágil
16	De nossas ruínas desmascaradas	48	Toda a poesia é hostil ao fascismo
18	À semelhança do nascimento ilusório do sol	50	São raros aqueles que atacam o corpo que os recebeu
19	Todo o calor do vulcão	53	Na ventura do amor
20	Um alarme agudo	54	Para além de um funcionamento biológico
22	Nos dedos de um bebê	56	Assim naufragam os nossos mortos
25	Quando um corpo inflama		
26	Uma asa telúrica e emersa do ar	57	Com nome de calor ou de frio
28	Toda possibilidade da caverna	58	A pele áspera, as digitais
29	Em processo de explosão	59	À segura distância
30	A cegueira que os governa	60	As marcas de presença
32	Uma bulha é o compasso de uma dança	62	ATENTA AOS SINAIS

Este livro foi composto em Fairfield LT Std no papel Pólen Bold para a Editora Moinhos enquanto Bethânia poetizava *Tua*.

*

Era agosto de 2022.
Os juros no Brasil continuavam subindo.
O nível da esperança também.